Scheiße gibt es überall...

Über das Buch

Ein Buch über das große Geschäft?
Sind wir mal ehrlich: Haben Sie sich nicht gerade gedacht, wofür zum Henker das eigentlich gut sein soll? Schadet so ein Buch dem menschlichen Verstand nicht mehr, als dass es hilft?
Vielleicht werden Sie recht behalten - und trotzdem lesen Sie diesen Text!
Entschlüsseln Sie die lang gehegten Rätsel der Menschheit und sehen Sie auf komisch-eklige Art Ihre Exkremente in einem völlig neuen Licht.
Lernen Sie den hinterletzten Mist kennen, mit dem man heutzutage wahrlich „aus Scheiße Geld machen" kann.

Über den Autor

Was erwarten Sie? Ein Bild von mir beim Scheißen? Eigentlich eine gute Idee, das muss ich Ihnen lassen!
Naja was soll ich sagen. Ich bin so ein ganz normaler Kerl, dem man offensichtlich ein paar Mal zu viel ins Gehirn geschissen hat.
Es hat mir sehr viel Spaß gemacht, Ihnen diese geistigen Ergüsse zu kredenzen.
Und weil ich es so klasse finde, dass Sie sich dieses Buch gekauft haben, will ich noch schnell loswerden, dass dieses Buch auch als Hörbuch erschienen ist. Ein Highlight für jede Autofahrt mit der Familie!

Otto Flotter

Kackapedia

Der ultimative Kacka-Leitfaden

43 Gedanken rund um das das große Geschäft

Die Inhalte dieses Buches wurden mit größter Sorgfalt erstellt. Für die Richtigkeit, Vollständigkeit und Aktualität der Inhalte kann jedoch keine Gewähr übernommen werden. Der Inhalt des Buches repräsentiert die persönliche Erfahrung und Meinung des Autors und dient nur dem Unterhaltungszweck. Der Inhalt sollte nicht mit medizinischer Hilfe verwechselt werden. Es wird keine juristische Verantwortung oder Haftung für Schäden übernommen, die durch kontraproduktive Ausübung oder durch Fehler des Lesers entstehen. Es kann auch keine Garantie auf Erfolg übernommen werden. Der Autor übernimmt daher keine Verantwortung für das Nicht-Erreichen der im Buch beschriebenen ziele. Dieses Buch enthält Links zu externen Webseiten Dritter, auf deren Inhalte wir keinen Einfluss haben. Deshalb können wir für diese fremden Inhalte auch keine Gewähr übernehmen. Für die Inhalte der verlinkten Seiten ist stets der jeweilige Anbieter oder Betreiber der Seiten verantwortlich. Die verlinkten Seiten wurden zum Zeitpunkt der Verlinkung auf mögliche Rechtsverstöße überprüft. Rechtswidrige Inhalte waren zum Zeitpunkt der Verlinkung nicht erkennbar. Eine permanente inhaltliche Kontrolle der verlinkten Seiten ist jedoch ohne konkrete Anhaltspunkte einer Rechtsverletzung nicht zumutbar. Bei Bekanntwerden von Rechtsverletzungen werden wir derartige Links umgehend entfernen.

Dieses Buch ist auch als eBook erhältlich.

Wenn's um die Wurst geht...

Die Nachbarn lästern darüber, am Stammtisch gibt es kein anderes Thema und selbst die Arbeitskollegen können ihren Blick nicht davon abwenden...

Was sind das für Menschen, die sich selbst ziemlich Fit im Schritt fühlen und bahnbrechende Erfolge beim anderen Geschlecht erzielen?

In diesem Buch kommen Betroffene / Gesegnete zu Wort. Du erfährst erstaunliche und teils auch etwas eklige Details über ihren Alltag und ihre Gewohnheiten.

Link zum Buch:

https://www.amazon.de/dp/B08NW3XF4M

Inhalt

„Holy Shit“ – Was andere über dieses Buch sagen

„Ich wusste lange nicht, ob ich das durchstehe. Es war irgendwie wie beim ersten Mal. Erst etwas eklig, dann wurde es besser und zum Schluss musste ich dabei sogar lachen.“

(Nadine H., 23, Reinigungskraft)

„Ich selber komme beruflich auch immer wieder mit Scheiße in Berührung. Bei mir geht es da immer so ernst zu. Otto hat es geschafft das Thema locker und leichtfüßig zu beschreiben. Ich hab‘ mich beim Lesen auf dem Klo lange nicht mehr so wohl gefühlt und so sehr drauf geachtet, was ich da eigentlich gerade von mir lasse.“

(Arno Z., 46, Gastroenterologe)

„Etwas eklig. Sehr direkt. Viel unter der Gürtellinie. Muss man mögen. Ich find’s klasse!“

(Lukas H., 33, Elektrotechniker)

„In der Kultur meines Heimatlandes ist Scheiße ein absolutes Tabu-Thema. Das Buch von Otto hat einen absolut locker lässigen Umgang damit. Ich habe über ein eigentlich ekliges Thema lange nicht mehr so gelacht! Otto mein Freund, mach bitte weiter so.“

(Nasim R., 29, Student der Architektur)

Vorwort – oder „Warum dieses Scheiß-Buch für den Arsch ist.“

Herzlichen Glückwunsch zum Erwerb dieses extravaganten Exemplars von einem Scheißhaufen. Dieses Buch quillt praktisch über vor Scheiße. Wann konnten Sie das letzte mal von sich sagen, dass Sie sich Scheiße ins Regal gestellt haben? Ist das nicht eine klasse Sache?

Einen Moment...

Oder denken Sie eher: Ein Buch über das große Geschäft? Scheißepedia? Sind wir mal ehrlich. Haben Sie sich nicht gedacht, was zum Henker das hier eigentlich werden soll? Schadet so ein Buch dem menschlichen Verstand nicht mehr, als dass es hilft?

Sie haben mit all dem Recht!

Und trotzdem sind Sie und ich hier!

Das Schöne daran ist, dass Sie und ich bereits wissen, dass dieses Buch wirklich in Bezug auf Niveau und Moral wirklich das Allerletzte ist – und genau das ist das Wunderbare daran.

Lassen Sie uns also gemeinsam eintauchen in eine Welt des geistigen Dünnschisses. Eine Welt voller Spraddelscheiße, heiliger Stühle, brauner Würste und der sagenumwobenen Glückswurst. Eine Welt in der man aus Scheiße Geld machen kann und dafür auch noch gefeiert wird.

Einleitung – Der Morgenschiss kommt ganz gewiss...

... und wenn es erst am Abend ist!

Alleine das Wort „Einleitung“ in Zusammenhang mit einem recht (b)analen Thema wie Scheiße hat in mir einen leicht dezenten Würg-Reflex ausgelöst. Einleitung? Wohin? Wer soll eine Einleitung bekommen? Und in welche Körperöffnung soll diese Einleitung letztendlich münden?

Alleine dies sind schon zu viele – mehr oder weniger intelligente – Fragen, die wiederum mehr verwirren als helfen.

Viele Menschen sind der Ansicht, dass Scheiße etwas darstellt, das braun ist, stinkt und ins Klo gehört. Man sollte nicht darüber sprechen und schon gar nicht schreiben. Umso mehr soll es daher in diesem Buch um einen feucht-ekligen und nicht allzu ernsten Umgang mit unseren täglichen Fäkalien gehen. Spaß am Scheißen ist eine großartige Sache. Wo sonst ist man heute noch ungestört alleine und kann sich nur mit sich und seinen Ausscheidungen beschäftigen!

Ebenso denken viele Menschen, dass „Aus Scheiße Geld machen“ nur eine Redewendung böser und eingebildeter Kapitalisten ist. Das stimmt absolut! In diesem Buch erfahren Sie einige der absolut komisch-abgefahrenen Scheiß-Ideen, die die wirrsten Köpfe unserer Neuzeit tatsächlich in die Tat umgesetzt, für gut befunden und damit auch noch jede Menge Geld gescheffelt haben.

Genießen Sie Ihre persönliche Reise vom Rektum über den Darm bis hin zur Großhirnrinde und seien Sie ganz sicher: Die Scheiße wird Sie auf Ihrem gesamten Weg begleiten!

Aber Scheiß' drauf...

...Malle ist nur ein Mal im Jahr!...

Dieser Satz stammt aus dem gleichnamigen Ballermann-Klassiker von Peter Wackel. Dieser beschissene Song, den ich selbst immer wieder gerne höre, hat dem lieben Peter einfach richtig Fett Kohle beschert. Er ist so verdammt schlecht, dass er tatsächlich einer meiner liebsten Songs ist.

Es ist also wahr: Man kann aus Scheiße Geld machen. Diesem Thema „Wie man Scheiße in Gold verwandelt" habe ich ein komplett eigenes Kapitel gewidmet. Es ist einfach zu genial, zu einfach und zu lukrativ, als dass ich es hier auslassen möchte: Man kann mit Scheiße eben mehr machen als nur anschauen, runterspülen, wegbürsten, mit dem Kotbeutel aus dem Rasen auflesen oder beschissen finden.

Lassen Sie uns aber mal von vorne anfangen: Was ist Scheiße überhaupt?

Scheiße ist ein hartes Wort für eine weiche, breiige Masse, die von Politikern geredet wird und aus der die Schlager-Branche ihre Hits macht. Führende Persönlichkeiten sollen sich tatsächlich schon damit befasst haben, Scheiße in den Weltraum zu befördern um das Scheiß-Problem der menschlichen Reste-Verwertung lösen zu können.

Als Faustregel sollte man sich merken: Wem die Scheiße bis zum Hals steht, der sollte keine Kniebeuge machen.

Was ist Scheißepedia?

Jeder kennt die nicht mehr wegzudenkende freie Enzyklopädie der heutigen Zeit: Wikipedia. Für manch' einen steht Wikipedia auf der gleichen Stufe mit dem Brockhaus oder der „Encyclopedia Britannica". Das ist umso erstaunlicher, als dass absolut jedermann auf Wikipedia wirklich „jeden Scheiß" eintragen kann. Natürlich existieren Korrektur-Leser und Lektoren. Dennoch ist es relativ einfach hier falsches Wissen – zumindest kurzfristig – verfügbar zu machen.

Scheißepedia soll das Standardwerk für „jeden Scheiß" werden. Dieser Nr.1 Klassiker soll unter anderem dabei helfen

- in der Kloschüssel in den Bremsspuren mit dem Kaffeesatzlesen zu beginnen.
- die verschiedenen Arten von Scheiße, die uns immer und überall begegnen, zu verstehen und erkennen zu können.
- den Prozess des Scheißens bewusster zu erleben.
- Scheiße zu erkennen, für die wir sogar Geld bezahlen sollen.
- mehr Freude ins Leben zu bringen, das vielleicht beschissen ist. Geschichten über den

braunen Dung und die flachen Witze darüber helfen darüber hinweg.

Scheißepedia ist somit eine EnzyKLOpädie (ja, „KLO“ ist extra groß geschrieben!) in Form dieses Buches. Somit Ihr Nachschlagewerk für den täglichen Bullshit. Egal ob dieser tatsächlich Ihr Hinterstübchen verlässt oder in Form von Arbeitskollegen, Aufgaben oder Musik auf Sie einwirkt.

Wer braucht einen Scheiße-Führer, wenn man auf dem Thron doch hinter sich schauen kann?

Naja, ich will ganz ehrlich zu Ihnen sein: So ein Buch braucht natürlich niemand. Eigentlich sollte es gar nicht geschrieben werden. Scheiße ist in unserer Gesellschaft zwar allgegenwärtig, aber dennoch redet niemand darüber.

Dennoch: Jeder produziert Scheiße!

Beispielsweise war ich heute drei Mal auf dem Klo: Der Morgenschiss gleich nach dem Aufstehen, dann nochmal kurz nach 9 Uhr und dann nochmal nach Feierabend. Ich vermute letzteres lag an meinem beschissenen Arbeitstag. Ob das wirklich so ist, werden Sie und ich aber wohl nie erfahren. Fakt ist: Mein Körper hat heute Scheiße produziert.

Fakt ist aber auch, dass Sie mich jetzt vermutlich ziemlich eklig, widerlich und abstoßend finden. Wir kennen uns ja kaum. Wer ist der Typ eigentlich, der dieses beschissene Buch schreibt, bei dem Sie nicht wissen, ob Sie lachen oder kotzen sollen während Sie es lesen?

Lassen Sie sich eines gesagt sein: Ich bin ein ganz normaler Mensch! Einer wie Ihr Nachbar, wie Ihr Friseur, wie die Frau an der Kasse vom Aldi oder wie der Typ vor mir an der Kasse, der denkt ich sehe nicht, dass er mit dem Finger in seiner Nase bohrt und anschließend seine Popel in einem Anflug von Hochgenuss verspeist... so eine kostenlose Mahlzeit ist schon was Feines!

Sie werden sich jetzt vielleicht die berechtigte Frage stellen: „Wenn der Typ hier so denkt, warum schreibt er dieses verdammte Buch dann?"

Das ist eine absolut berechtigte und legitime Frage!

Ich will wirklich ganz ehrlich zu Ihnen sein. Das hat drei einfache Gründe:

<u>1) Ich kann mich nicht kurzfassen</u>

Man hat mir schon häufig gesagt: „Du kannst dich nicht kurzfassen". Und ja: Das stimmt! Menschen, die Emails von mir bekommen, stöhnen nicht zu Unrecht auf. Die Texte sind oft wirklich verdammt lang. Teilweise sogar mit kleinen Geschichtchen umrandet. Was für Sie amüsant klingen mag, ist für meine Geschäftspartner häufig ein Albtraum.

Am Telefon ist es für mein Gegenüber entweder noch schlimmer, oder man lacht sich schlapp und hat ein paar schöne Stunden mit mir (nur am Telefon! Und nein: Ich rede hier nicht von schmutzigem Telefon-Sex). Ich stelle oft fest, dass Menschen Telefongespräche entweder schnellstmöglich beenden möchten, oder aber meinen Ausführungen nur allzu gerne folgen.

Beides sind für mich schon sehr starke Gründe, ein Buch über „Scheiße" zu schreiben. Bücher sollen im Allgemeinen eine gewisse Länge aufweisen können. Wobei ich schon darauf geachtet habe, dass Ihnen hier die Scheiße nicht zu den Ohren herauskommt. Wird das Buch zu lang, führt dies womöglich zu einer Verstopfung oder einer Magen-Darm-Erkrankung. Und daran will ich nun wirklich nicht schuld sein.

Ich möchte Ihnen an dieser Stelle folgenden gut gemeinten Rat geben: Falls für Sie meine Ausführungen in diesem Buch bis hierin unerträglich sind und Sie sich lieber jetzt als später übergeben möchten – lassen Sie das Weiterlesen bleiben! Es wird nicht besser. Gegen Ende wird es vermutlich noch schlimmer für Sie. Mir liegt Ihre Gesundheit und Ihr Wohlbefinden wirklich am Herzen. Sofern Sie es also nicht ertragen können: Schenken Sie das Buch einem Freund, legen Sie es auf Ihre Toilette als „Klo-Lektüre" für Ihre Gäste, reißen Sie die Seiten heraus und verwenden Sie es als Klopapier, verbrennen Sie es oder werfen Sie es in den Müll. Mir ist bewusst, dass dies mit einem eBook durchaus schwierig werden kann. Zumindest kann man sich damit vermutlich nicht mehr als einmal den Hinter abwischen. Ungeachtet dessen, das Ihr schönes Lesegerät vermutlich dann für'n Arsch ist, müssen Sie sich wohlmöglich Ihrem Partner erklären. Daher ist dieses Buch als eBook auch so günstig zu haben.

Egal was Sie mit Ihrem Buch anstellen: Lassen Sie mich wissen was es war und warum. Am besten schicken Sie mir ein Foto oder Video von Ihren (Un)taten mit Ihrem Exemplar dieses Buches

per Mail an: bullshit@scheissepedia.de

per Instagram: https://www.instagram.com/scheissepedia/

Die besten und verrücktesten Rückmeldungen werden auf meiner Webseite *scheissepedia.de* und auf Instagram, veröffentlicht. Natürlich anonym, wenn Sie das wünschen! Wenn es richtig abgefahren wird, könnten wir das Ergebnis auch auf ein T-Shirt packen und auf shop.scheissepedia.de zur Verfügung stellen!

Falls Sie aber denken: „Hey, alles super – der Scheiß hier interessiert mich! Und außerdem find‘ ich es witzig...!“ Dann lesen Sie ruhig weiter und freuen Sie sich auf den ganzen Fäkalmüll, der Ihr Kopfkino noch gehörig zumüllen wird.

2) Aus Scheiße Geld machen?

So viele Menschen auf diesem Planeten machen aus Scheiße Geld. Viel Geld. Wer hätte denn geglaubt, dass man eine Plattform benötigt um Videos in (zu Anfangszeiten) mittelmäßiger bis schlechter Qualität miteinander zu tauschen? Niemand vermutlich. Es war auch einfach eine richtige Scheiß-Idee. Chad Hurley, Steve Chen und Jawed Karim waren in der Hinsicht offensichtlich unbelehrbare Sturköpfe, machten es trotzdem und nannten das Ganze „YouTube“. Der Rest der Geschichte ist vermutlich bekannt.

Es gibt unzählige dieser Geschichten:

Wer braucht eine Messaging-Plattform, wenn SMS doch allseits etabliert ist? Niemand? Wie sehen das die Gründer von WhatsApp?

Wer hätte geglaubt, dass man einen ganzen Landstrich auf der schönen Insel Mallorca mit Bier, Kneipen und Ballermann-Musik zupflastern kann? Nur damit sich die Touristen mit ihren Niveaulosigkeiten gegenseitig überbieten können und fernab der Heimat richtig die Sau rauslassen können? Sie vielleicht? Ich geb's zu: Ich nicht!

Thomas Watson, der Chef von IBM soll 1943 gesagt haben: „Ich denke, dass es einen Weltmarkt für vielleicht fünf Computer gibt". Das heißt: Er fand den Computer als eine Scheiß-Idee. Seit Jesu Geburt hat man über 1900 Jahre lang darauf verzichten können. Die ganze Zeit davor auch. So ein Ding braucht also eigentlich keine Sau. Da kann man Herrn Watson eigentlich schon zustimmen. Aber schauen Sie sich mal um: Offensichtlich ist es jemandem gelungen, diese Scheiß-Idee in Geld zu verwandeln.

Wir halten also fest: Scheiße liegt immer im Auge des Betrachters!

Das gilt im Übrigen insbesondere für eine Kaffeesorte Namens „Kopi Luwak". Bei Kopi Luwak handelt es sich um eine der teuersten Kaffeesorten der Welt. Wissen Sie wie die Kaffeebohnen von Kopi Luwak hergestellt werden? Ich verrate es Ihnen:

Ursprünglich wurde diese Kaffeesorte aus den halb verdauten Kaffeebohnen der Exkremente von in freier Wildbahn lebenden Schleichkatzen hergestellt.

Nochmal: Hier verkauft jemand nicht nur Scheiße im sprichwörtlichen, sondern im tatsächlichen Sinne. Und das dann sogar noch als Delikatesse! Ich brech' echt ab!

Diese und noch viele weitere unfassbare Tatsachen haben mich dazu veranlasst dieses Selbst-Experiment zu starten. Einerseits habe ich meine Internetseite *scheissepdia.de* und den zugehörigen Instagram Account ins Leben gerufen. Andererseits habe ich mich dazu entschlossen dieses Buch zu schreiben. Ich musste einfach selbst auch mal ausprobieren, ob man wirklich aus Scheiße Geld machen kann. Vielleicht klappt es auch gerade deshalb nicht, weil ich an dieser Stelle so vernichtend offen damit umgehe. Sobald Sie diese Zeilen lesen, wissen Sie es besser als ich nur mutmaßen kann. Ich persönlich denke beispielsweise gerade: „Alter Schwede, das ist so ein kranker Scheiß! Aber vielleicht gerade auch deshalb schon wieder einmalig!".

Sie dürfen mich jetzt gerne einen Scheiß-Kapitalisten nennen, der das hier nur schreibt um an Ihr Geld zu kommen. Aber ganz so leicht wollte ich es mir nicht machen. Dann hätte ich auch einfach ein Buch mit 200 leeren Seiten drucken lassen können und „Klopapier – to go" draufschreiben können. Wobei? Hey? Vielleicht ist das schon die Idee für den zweiten Teil dieser Buchserie ...

3) „Let me entertain you"

Ich könnte jetzt einfach behaupten, dass es zu allererst meine Absicht war, Sie mit diesem Buch zu unterhalten und Sie (von Ihrer vielleicht sogar richtig beschissenen Wirklichkeit) abzulenken. Ganz so edel ist mein Gedankengut aber doch nicht. Die hier genannten Gründe stehen schon genau in der Reihenfolge wie Sie mir auch nacheinander in den Kopf gekommen sind. Nachdem ich mich lange damit befasst habe, ob ich nun meine Internetseite und dieses Buch veröffentliche,wurde mir irgendwann klar, dass der Inhalt auch etwas zu bieten haben sollte. Aber was denn nur? Vielleicht ganz konkrete Abbildungen zum Thema? Ein Buch, das erklärt wie man das Geschäft richtig verrichtet? Alles mehr oder weniger gute Ideen. Sowas gibt's ja auch schon. Die recht süß anzuschauende Guilia Enders hat dazu ja ihr Buch *„Darm mit Charme"* veröffentlicht. Ich sag' das jetzt einfach mal so salopp! Kann ich auch. Das Buch steht bei mir selbst auch im Regal und die junge Dame macht auf dem Cover wirklich was her. Ich kenne Guilia persönlich bisher nicht, habe nie mit ihr gesprochen oder geschrieben. Aber ihr Buch hat Klasse. Da gibt's nix dran zu rütteln. Wenn meine eigenen Besuche beim Gastroenterologen nur auch so locker und nicht so verkrampft wären. Naja, beim Lesen hat man meistens nicht gleichzeitig eine Darmspiegelung. Vielleicht liegt es einfach nur daran.

Ich habe mich nach reiflicher Überlegung dazu entschlossen eine EnzyKLOpädie zu verfassen, die einerseits informativ und andererseits absolut beschissen komisch ist.

Wie sind die Inhalte in diesem Buch entstanden?

Puh, also so eine Buch-Recherche hat es wirklich in sich. Zu allererst habe ich versucht Menschen zu fragen was Sie genau am großen Geschäft interessiert und fasziniert. Außerdem wollte ich wissen, wie sie zu der ganzen Scheiße stehen, die da draußen in unserer großen weiten Welt täglich aufzufinden ist.

Ich hatte früher eigentlich immer recht gute Erfahrungen damit gemacht, fremde Menschen zu bestimmten Themen zu befragen. Sei es für Umfragen während Schule oder Studium oder bei der Frage ob ich mal ein Taschentuch haben kann. Natürlich sind Menschen zunächst abwartend und zurückhaltend, wenn man Sie mitten auf der Straße anspricht. Daher kann man zu Beginn auch einfach Freunde und Bekannte um deren Meinung fragen.

Ich hatte schon so ein flaues Gefühl im Magen (oder war es aufkeimender Durchfall?) als ich daran dachte meine Freunde zum Thema „Scheiße“ zu befragen. Abgesehen von angewiderten Blicken könnte ich mir damit die letzte Basis der zwischenmenschlichen Interaktion ruinieren. Oder kurz gesagt: Lieber nicht die eigenen Freunde befragen. Das könnte (wie ein Furz!) nach hinten losgehen.

Das Thema ist also doch etwas heikel. Obwohl es wirklich jeder kennt. Da mich Menschen auf der Straße bei direkter Ansprache mit weit simpleren Fragen schon seltsam ansehen, war ich mir schon ziemlich sicher, dass es bei einer Buch-Recherche rund um das Thema „Scheiße innerhalb und außerhalb des eigenen Körpers“ (das war der Umfrage-Titel) recht schwierig werden könnte. Ich habe es dennoch versucht.

Die Ergebnisse waren... Durchwachsen! Es grenzt doch irgendwie an ein kleines Wunder, dass ich nicht ein einziges Mal eine ordentliche Tracht Prügel bezogen habe. Vielleicht lag es auch nicht so sehr an den Inhalten, sondern auch und vor allem an der Art und Weise meiner Fragestellungen. Ich frage beim nächsten Mal bei heiklen Themen auf alle Fälle nicht mehr Menschen, die gerade aus dem Fitness-Studio kommen. Denn diese Menschen sind alle weitaus stärker als ich. Und irgendwie macht's keinen Sinn einen körperlich stärkeren Menschen bis aufs Blut zu reizen. Möglicherweise lag es aber einfach daran, dass ich nach einer „Gratisprobe“ für weitere Untersuchungen gefragt habe. Ohne Doktortitel und Praxis drum herum kommt so etwas einfach nicht allzu gut rüber. Eigentlich hätte ich es wissen müssen. Aber manchmal bin ich da wohl etwas zu unbedarft. Sei's drum: Abgesehen von den vielen (und oft auch wirklich recht kreativen) Beschimpfungen ist mir nichts passiert. Ich habe dazu gelernt und einfach den Platz der Umfrage gewechselt.

Die Umfrage stattdessen ins Internet und die sozialen Netzwerke zu verlagern erschien mir hier geradezu passend. Hier besteht kein Risiko, eins „auf die Fresse“ zu bekommen. Zumindest nicht körperlich. Hasskommentare und Shitstorm (wäre hier ja irgendwie passend...) jetzt mal außen vorgelassen. Der Shitstorm blieb leider aus.

Ich kann mir vorher sogar einen Fake-Account anlegen, ein Bild bei pixabay aussuchen und unter einer Phantasie-Identität meine Fragen in einer der zahlreichen Facebook-Gruppen stellen. Genau so hab‘ ich es dann auch gemacht.

An der Stelle wurde mir klar, wie großartig soziale Netzwerke eigentlich sind. Es geht nicht nur um Bilder von Hundebabies, das Essen von heute Mittag oder die neuste Facebook-Werbeanzeige eines Unbekannten, der einfach nicht aufhören will mir auf die Eier zu gehen.

Man ist Teil eines großen Ganzen, aber eigentlich ist doch jeder nur für sich alleine. Es mag sein, dass der ein oder andere sogar auf dem Klo sitzt, während er meine Fragen beantwortet. Näher kann ich ja gar nicht mit meiner Umfrage an die Menschen heranrücken. Eine Studie belegt, dass viele Männer das Smartphone auf der Toilette oft, gerne und sehr lange nutzen. Es ist daher sogar absolut wahrscheinlich, dass in meine Rechercheergebnisse direkte, frisch gezapfte Praxiserfahrung mit eingeflossen ist. Die Studie konnte ich bei der Recherche zu diesem Buch nicht mehr ausfindig machen. Vermutlich dachte der Autor der Studie, dass sie für’n Arsch ist.

Einen großen K(n)ackpunkt hat diese Art der Umfrage dann aber doch: Man weiß eigentlich gar nicht, wen man befragt. Es ist möglich, dass der- /diejenige am anderen Ende der Leitung gerade nur Scheiß im Kopf hat und die Fragen bewusst falsch beantwortet. Das muss gar nicht böse gemeint sein. Das mach‘ ich selbst hin und wieder auch. Meiner Erfahrung nach kann das folgende Gründe haben: Einfach aus Langeweile, weil ich die Fragen besonders dämlich finde, weil ich irgendwo klicken kann – und klicken ist toll! Oder weil ich gerade fünf bis sieben Bier im Schädel habe, nicht schlafen kann und mir irgendwie auf Facebook und Instagram die Zeit vertreiben will.

Meine Ergebnisse basieren somit auf Likes, Herzchen und Rückmeldungen auf meine Fragen in sozialen Netzwerken. Ich weiß bis hierhin also nicht, ob dieses Buch wirklich jemanden interessieren wird, oder ob ich einfach nur verarscht wurde und meine Zeit gerade komplett verschwende.

Scheiße international?

Die Scheiße von Menschen lässt sich leicht aufspüren. Meist hilft es, einfach den Gerüchen zu folgen. Es kann aber auch sein, dass dieser Geruch von einer Mischung aus Urin, Urinstein und Putzmitteln überdeckt wird. Egal. Einfach mal der Nase nach. Dort, wo es nach Urin müffelt ist Scheiße meist nicht weit.

Besonders auf der Bahnhofstoilette, auf dem Autorastplatz (Achtung: gilt für jene Rastplätze ohne Sanifair! Die haben es wirklich drauf. Lesen Sie dazu mehr in dem Kapitel „Scheiße als Verkaufsobjekt".) oder auf der hinterletzten Schüssel einer Ballermann-Party, hat man hin und wieder das Glück nicht nur Restspuren, sondern komplette Fundstücke von Vorgängern anzutreffen. Insider nennen dies auch „Nugget", „Goldstück" oder „Fundstück der Woche".

Meine Recherche bezüglich unserer Exkremente und dem großen Geschäft mit der Scheiße erstrecken sich aber nur auf Deutschland und den Ballermann (der gehört ja irgendwie schon zu Deutschland dazu).

Wie sieht das aber im Ausland aus? Wie sieht dort die Scheiße der Einheimischen aus? Braun, Schwarz, grün oder doch wie bei uns? Benehmen die sich auf öffentlichen Toiletten genau so wie wir Deutschen? Scheißen die auch drauf, wer die Schüssel nach ihnen benutzt? Und wie steht man im jeweiligen Land zu Flachwitzen? Gut oder eher scheiße? Und wie kann man dort mit Scheiße ein Geschäft machen? Geht das gar nicht? Oder sogar besser als bei uns?

Besuchen Sie mich auf

scheissepedia.de

shop.scheissepedia.de

oder auf Instagram unter
https://www.instagram.com/scheissepedia/

und teilen Sie mir Ihre Erfahrungen (gerne mit Bild) aus dem Ausland mit. Gerne mit Angabe von Ort und Datum.

Meine Leser sollen einen grenzüberschreitenden Blick für die verschmutzten Toiletten dieser Welt bekommen und zudem sehen, wie man mit Scheiße große Geschäfte auch außerhalb Deutschlands machen kann. Sobald mir mehrere Erfahrungsberichte von Lesern vorliegen, werde ich diese für Sie als Leser kostenlos veröffentlichen. Sie erhalten das entsprechende Buch dann völlig kostenlos. Dazu müssen Sie mir nur die Erlaubnis geben, dass ich Ihnen diesen Scheißdreck auch zuschicken darf und dass Sie dieser Scheiß auch interessiert. Diese Möglichkeit finden Sie am Ende oder am Anfang dieses Buches. Das ist genau die Stelle, an der Sie sich ein Buch über Fäkalwitze sichern können. Es bleibt ja nicht nur bei dem einen Fäkalien-Buch. Aber Sie können es ebenso sein lassen und ganz gepflegt darauf scheißen. Das ist auch absolut fair!

Die verschiedenen Arten von Scheiße

„Jetzt geht's ans Eingemachte."

„Jetzt geht's um die Wurst."

„Glück auf, der Steiger kommt."

Sprüche eines Gastroenterologen, der hier unerkannt bleiben möchte, kurz vor einer Darmspiegelung zu seinen Patienten (2018).

Durchfall

Achtung, jetzt kommt es anders als Sie denken: Durchfall bezeichnet im wörtlichen Sinne den Umstand „in die Toilette zu fallen“. Geprägt wurde dieser Begriff bereits im Mittelalter. Zu dieser Zeit war es üblich und sogar weit verbreitet bei ungeschickter Verrichtung des großen Geschäfts mit dem Po in die Fäkalien des Vorgängers zu fallen. Diese feucht warme Landung „durch“ die Sitzgelegenheit hindurch, war dann der letztendliche Durchfall.

Im heutigen Sprachgebrauch wird der Begriff des Durchfalls missverständlich genutzt. Neben dem Durchfallen bei Prüfungen ist der häufigste Sprachgebrauch in der Tat jener für das „große Geschäft“ anzutreffen. Und zwar meistens dann, wenn das Geschäft nicht mehr allzu groß ist, sondern breiig bis flüssig wird. Eine viel bessere pauschale Bezeichnung wäre an der Stelle „Dünnpfiff“, da es gleichzeitig noch die damit verbundenen Töne beschreibt.

Letztendlich sind aber beide Begriffe viel zu einseitig, um den Vorgang des Scheißens zu beschreiben. Scheißepedia wird mit den folgenden Beschreibungen dabei helfen, die Begriffe besser zu verstehen und voneinander trennen zu können.

Der Bierschiss

Der Bierschiss ist eine nach durchzechten Nächten oft zu beobachtende Form der analen Reaktion. Sehr häufig tritt er als entsetzlichen Dünnschiss auf, sodass man meint, man müsste kotzen. Wenn's weniger explosionsartig zugeht, spricht man eher von Spraddelschiss, welcher eine Unterform des Bierschiss darstellt. Beim Spraddelschiss muss anschließend zumeist der Klodeckel von den Resten befreit werden, da ein immenser Streufaktor versucht wurde.

Letztendlich ist „Bierschiss" nur ein Überbegriff für den Scheiß, den man nach dem Konsum von zu viel Alkohol ertragen muss. Gerne verwendete Begrifflichkeiten sind: Analschnupfen, Suffschiss, Alkschiss, Fäkaldetonation, Flitzekacke, Analgewitter oder in IT-Kreisen auch Quellcode, oder einfach Quell-Kot genannt. Weitere Bezeichnungen sind Sonntag-Morgen-Schiss oder Halb-Neun-Schiss.

Ein Highlight ist hier sicherlich das Farb-Spektrum, welche von hellbraun, grün bis zu grau reichen kann. Getoppt wird das Ganze noch von dem absolut perversen Gestank, der meistens für mehrere Stunden im Raum festsitzt. Lufterfrischer sind meist maßlos überfordert.

Das Opfer eines „Bierschiss" hat häufig nur wenige Sekunden Zeit, um eine Toilette aufzusuchen. Der aufkommende Schiss wird lange gar nicht bemerkt, da der Kater und die Kopfschmerzen nach der durchzechten Nacht absolut vorherrschend sind. Kurz bevor es dann aber zur Sache geht, macht sich ein so genanntes anales Brodeln bemerkbar. In diesem Fall heißt es dann aber: In vollem Laufschritt die nächste Schüssel aufsuchen.

Ausgerechnet in diesen Momenten allergrößter Not, befindet sich die nächstgelegene Toilette nicht direkt nebenan. Nun heißt es: Zusammenpressen der Schließmuskulatur – mit aller Kraft und Anstrengung. Dadurch wird der Innendruck unvorstellbar groß und kann bis auf über 10.000 bar ansteigen. Es ist jedoch nur ein einziger Extremfall dieser Art bekannt. Wobei die Anzahl der bekannten Fälle wohl auf die Missstände geeigneter Messvorrichtungen in deutschen Haushalten oder auf den zurückzuführen ist.

Ein Druck von etwas über 3bar genügt schon um die Schüssel in ihre Einzelteile zu zerlegen. Wenn es besonders drückt ist daher ein Ausflug in Nachbars Garten oder in eine nahegelenge Grünanlage empfehlenswert. Falls Sie in der Stadt leben und diese Möglichkeit nicht existiert, würde ich stattdessen raten auf Schüsseln aus Metall auszuweichen. Diese halten meist einem höheren Druck stand und es besteht keine Gefahr, die ganze Scheiße später vom Boden aufwischen zu müssen. Zudem sind diese Schüsseln meist recht nett anzusehen und können als Salat-Schüsseln genutzt werden. Ob das in der Praxis so tatsächlich gelebt wird, konnte ich nicht herausfinden. Mir wurde nur von einem einzigen Fall berichtet, bei welchem die metallische Salatschüssel auch beim Bierschiss zum Einsatz kam.

Bevor Sie jetzt generell nach ein oder zwei Bier am Abend die Salatschüssel zur Hand nehmen, sollten Sie beim nächsten Mal zuerst versuchen zu erkennen wie viel Druck denn da in ihrer Röhre ist. Je schmerzhafter die Bauchkrämpfe und je intensiver die Fürze, desto mehr Druck hat sich im Enddarm zusammengebrodelt. Beim furzen sollten Sie aber mit Bedacht zu Werke gehen. Eine Begleiterscheinung des Bierschiss ist der „Schurz“. Das ist eine Mischung aus Schiss und Furz. Es gilt genau abzuwägen, ob Sie den Furz herauslassen. Vertrauen Sie auf Ihre Erfahrung und Intuition. Weiterhin empfiehlt es sich, selbst die metallische Schüssel in einem gesicherten Raum zu verwenden (z.B.: Toilette). Je nach Arschumfang sollte bei einem Bierschiss großen Wert daraufgelegt werden, dass der Umkreis evakuiert wird.

Wenn Sie es allerdings darauf anlegen besonders hinterlistig vorzugehen, dann nutzen Sie doch ein Klo ohne Fenster in der Wohnung des Freundes, bei dem ~~gereihert~~ gefeiert und übernachtet wurde. Frei nach dem Motto „Nach mir die Sintflut“, werden Sie sich damit bei Ihren „Freunden“ in jedem Fall verewigen. Ich bin mir absolut sicher, dass Ihre Nachfolger Ihren Schiss so schnell wie noch nie erledigt haben werden. Es sei denn, aufgrund des übelriechenden Gestanks kommt vor dem Schiss die Galle hoch. Eigentlich ganz egal: Der ganze Scheiß muss irgendwie wieder raus. In welche Richtung auch immer.

Es gibt nicht bestätigte Berichte, einer Evakuierung von kompletten Mehrfamilienhäusern auf Grund des Verdachtes eines Giftgasangriffes. Corpus dilicti war der Bierschiss eines „armen Irren“. Unter ordentlich Rest-Alkohol stehend, wurde bei Rückkehr einer durchzechten Nacht vergessen, die Wohnungstür zu schließen. Die außergewöhnliche Duftnote einer ordentlichen Portion Bierschiss um ca. 4 Uhr morgens verkleidete sich als potentieller Giftgasangriff und breitete sich im gesamten Gebäude aus.

Der Bierschiss hat einige Unterformen die im Folgenden näher vorgestellt werden:

- Im Frühjahr nennt man den Bierschiss auch „Maibockschiss“.
- Geht es besonders explosiv zur Sache sprechen viele Menschen vom „Torpedoschiss“.
- Wenn's‘ besonders bösartig wird, spricht man vom „fiesen Gaylord“. Das ist eine kleine harte Wurst, die den Popo nur um zwei bis drei cm verlässt nur um bei nachlassender Anspannung und Druck mit einem hörbaren Schmatzen in den Anus zurück zu kehren.
- „Der schöne Dietmar“ fühlt sich zunächst nach einem ganz normalen großen Geschäft an. Alles verläuft routinemäßig. Konsistenz prima, Geruch prima, Druckverhältnisse prima. Das ist alles solange normal, bis Sie begreifen, dass Sie im Vollsuff beim Chinesen gestern nach dem gefühlt 27 Moscow Mule eine Portion „Extra Scharf“ gegessen haben.
- Der „mystische Marvin“! Oder auch Phantomschiss genannt. Man weiß, da müsst eine Wurst sein und drückt und drückt, bis die Hämorrhoiden das Schwitzen anfangen. Aber es passiert einfach nichts...
- Die „Knallgasbombe“! Das ist eine Wurst, in deren inneren ein Furz eingeschlossen ist. Sobald diese Wurst den Hintern verlässt und damit anderen Druckverhältnissen ausgesetzt wird, detoniert diese Bombe. Das Klo ist dann, sofern es überhaupt noch steht, versaut wie nie

zuvor. Selbst Meister Propper hat anschließend bemerkenswerte Schwierigkeiten beim Aufräumen. Die Reste kleben förmlich an der Kloinnenwand. Die Bürste kann so gut wie gar nichts ausrichten. Schuld daran ist meist Fastfood aus Pferdefleisch oder irgendein anderer ekelhafter Scheiß, den Sie im Suff zu sich genommen haben.

Der Aufregungsschiss

Der Aufregungsschiss kommt grundsätzlich immer zum falschen Zeitpunkt um die Ecke. Merkmal Nummer eins: Man ist extrem aufgeregt. Kurz vor einem wichtigen Meeting, einem wichtigen Termin, einer Prüfung, einem Bühnenauftritt: Eigentlich ist das komplett egal. Die Situation wird brenzlig, wenn man zusätzlich im Niemandsland unterwegs ist und weit und breit kein Scheißhaus finden kann.

Der Aufregungsschiss kommt meist nur in kleinen Portionen, dafür aber mehrmals aus dem Arsch heraus. Das ist an sich nicht das größte Problem daran, solange man sich nicht mit minderwertigem Klopapier den Anus wund putzt. Weitaus schlimmer wiegt der zeitliche Druck. Denn eigentlich hat man es ja sehr eilig und keine Zeit gefühlte sechsundsiebzig Mal „einen abzuseilen“.

Eine Sonderform des Aufregungsschiss gibt es im schulischen Bereich: Die Referats-Scheiße. Die kommt (vor Aufregung) zunächst aus dem Arsch und anschließend (während dem Vortrag) aus dem Mund.

Der Explosionsschiss

Das hier ist eine richtig hinterhältige Scheiße. Die Wurst beim Explosionsschiss besteht aus zwei oder mehr Komponenten mit unterschiedlicher Festigkeit. Beginn der Angelegenheit ist ein fester bis schmerzhafter so genannter Korkenschiss. Die zweite Komponente ist dann sehr weich und flüssig. Am Anfang wird der feste Teil (hin und wieder unter Stöhnen und Schwitzen) herausgepresst. Ist das erste Stück geschafft, wir der zweite Teil unter dem anhaltend hohen Druck explosionsartig aus der Rosette geschleudert und großflächig in der gesamten Schüssel verteilt. Dieser schlagartige Unterschied zwischen den beiden Komponenten führt zu einer Schockwelle, welche sich rückwärts bis in den Bauchraum bewegt und sich im Lauf der folgenden Stunden durch mehrfache Furz-Arien wieder entlädt. Forscher konnten bisher keine hinreichenden Erkenntnisse über die Entstehung solcher inhomogenen Kotbrocken liefern.

Der braune Bomber

Oder auch liebevoll „das braune U-Boot“ genannt. Es handelt sich dabei um eine lange Wurst. Um eine wirklich sehr lange Wurst. Sie ist zu fest um zu zerbrechen und zu lang um die Kurve zu kriegen. Der Abseilvorgang aus dem Hinterstübchen ist nahezu unproblematisch, allerdings geht dieser Bomber dann direkt auf Tauchstation (daher auch U-Boot genannt) und setzt sich auf dem Grund der Schüssel fest. Abhilfe schafft nur das Zerteilen mit einer Säge oder die manuelle Entnahme und Entsorgung über den gewöhnlichen Sondermüll. Je nach dicke und Festigkeit wäre nach der Zerteilung auch eine Entsorgung über die Altbatterie-Annahmestelle denkbar. Zwar moralisch verwerflich (aber hey, schauen Sie sich den Rest dieses Buches nur mal an!), aber möglich.

Der braune Bomber folgt dabei ganz klar dem wissenschaftlich nicht bewiesenen „Dein Haus – mein Scheiß“-Theorem. Dabei wird die Hypothese aufgestellt, dass braune Bomber grundsätzlich in mehr als 90% der Fälle auf fremden Toiletten in die Welt gesetzt werden.

Die Breischeiße

Die Breischeiße wird auch gerne als „der schmeichelnde Freund“ bezeichnet. Denn Die Breischeiße umgarnt und umschmeichelt das eigene Arschloch nach dessen Verlassen noch einige Zeit, sodass meist mehrere Rollen Klopapier notwendig sind, um die Rosettengegend wieder einigermaßen grob gereinigt zu bekommen.

Nach Verlassen und Umschmeicheln des Popos gleitet die Breischeiße in sämig-weichem Tempo langsam und behäbig in die Toilette hinab. Der Haufen, der an Kartoffelbrei mit zu viel Musaktnuss erinnert, schwimmt meist oben und ist sehr fetthaltig.

Natürlich hat auch das auftreten der Breischeiße seine ganzen individuellen Eigenheiten: Häufig ist Breischeiße anzutreffen, wenn man öffentliche Toiletten besucht, die nur mit minderwertigem, einlagigem oder vom Vorgänger vollgepinkelten Toilettenpapier ausgestattet sind.

Die Brodel-Scheiße

Erstmal brodelt's ordentlich im Untergeschoss. Dann blubbert es noch. Es kommt Ihnen vielleicht so vor, als hätten Sie den Kochtopf mitsamt dem Essen und dem Herd verschluckt. Irgend so ein Klugscheißer kocht da im inneren Munter weiter. Und der ganze Scheiß bleibt auch noch drin. Stattdessen folgt eine Komposition feinster Feuchter Fürze (manchmal auch „Schürze" – wie bei der Bierscheiße beschrieben). Die Vorhut dieser Scheiße bildet ein kompaktes Stück hasenkegelförmiger, zusammengepresster Köttel. Danach folgt dann direkt ein großes „Blubb" und der „Rest vom Fest" der da zuvor zusammengekocht wurde, rauscht die hinab in die Tiefe, direkt ins Abwasserkanal-Nirvana. Er hinterlässt keine Spuren im Klo. Stattdessen scheint der Schmodder sich kaum von Hinterteil trennen zu wollen. Es soll einige Fälle von Brodelscheiße gegeben haben, bei denen der Partner mit dem Wischer und einem chemischen Reinigungsmittel heranrücken musste um den Hintern wieder frei von der braunen Scheiße zu bekommen. Bei Singles bleibt nur, sich mitsamt dem Schmodder in die Badewanne zu legen und zu hoffen, dass das

Erkältungsbad bei äußeren Beschwerden wie verklebtem Scheiß-Hintern hilft.

Die Blutscheiße

Aufgepasst, jetzt wird's richtig eklig! Falls Sie das nicht mögen, lieber dieses Kapitel überspringen.

Bereit?

Okay...

Also: Die Blutscheiße entsteht meistens nach einer Entzündung des Afters. Nicht bestätigten Umfrageergebnissen zufolge ist eine solche Entzündung durch vorherigen Homo- oder Heterosexuellen Geschlechtsverkehr entstanden. Oftmals waren auch Spielzeuge im Einsatz, die eher Elefantenrüsselgröße haben. Das ist dann meistens offensichtlich etwas zu viel des Guten. Wenn man aber weiter macht, frei nach dem Motto „Wat nischt passt, wird passend gemacht", kommt da eben nur Scheiße bei raus.

Der so entzündete After wird dann durch jeden Stuhlgang wieder aufgerissen. Damit vermischt sich hier Scheiße mit Blut: Blutscheiße!

Das an sich geht ja noch, aber wenn die Rückstände aus dem Darm sich dann mit dem Blut vermischen und trocknen, wird die Kruste bei der nächsten Runde wieder aufs Neue aufgerissen.

Die somit ekelerregende Wunde aus einer Melange von Blut und Scheiße zieht vor allem fiese Kanalratten an, findet aber auch bei Maden, Amöben und Fliegen ihren Anklang. Letztere Sorgen für eitrig grün-gelbe Garnituren an der Wundstelle. Die Ratten allerdings sind noch ein wenig gemeiner. Oder was denken Sie, wie das Sprichwort: „Sich in den Arsch beißen“ (lassen von Ratten!) in die Welt gesetzt wurde.

Der Durchschlag

„Kurz und knackig“, „Rucki Zucki“, „Nicht lang schnacken,...“. So oder so ähnlich könnte man diesen Schiss auch bezeichnen. Nach wenigen Sekunden ist die Sache geritzt und der Schiss im Klo verschwunden. Große Könner dieser Disziplin benötigen nur wenige oder in Extremfällen gar kein Kackband (Klopapier). Zu dieser Gruppe von Menschen gehören überwiegend gute Bergsportler, welche das „perfekte Abseilen“ damit auf mehreren Ebenen in Perfektion beherrschen. Im Volksmund wird hier auch von einem „perfekten Schiss“ gesprochen. Auf Herrentoiletten war in diesem Zusammenhang schon der Ausruf zu hören: „Ahhh,...Jetzt hab ich geschissen wie ein junger Gott.“

Die echt kranke Scheiße

Die Form von Scheiße ist nicht im Klo zu finden. Zwar wird diese Scheiße auch von Menschen produziert, jedoch nicht nur ein paar Mal am Tag. Ich spreche hier von der kranken Scheiße im deutschen TV-Programm. Scheißegal welcher Sender: Nehmen wir doch einfach mal exemplarisch eine typische Reality-Soap. Da wird von Menschen so viel kranke Psychoscheiße vorgespielt. Dauernd machen irgendwelche hirnverbrannten Typen irgend eine kranke Scheiße, die dann wieder von anderen kranken Typen „zufällig“ aufgedeckt wird. Hier kommt ziemlich jeder vom „Ex-Knacki“ bis zum Muttersöhnchen zum Aufritt. Aber nicht nur für Erwachsene gibt es kranke Scheiße. Schon im Kinderprogramm ist dieser Rotz wirklich weit verbreitet. Nehmen wir hier doch nur einmal die Teletubbies als Beispiel.

Der (h)eilige Stuhl

Kommt schneller aus den Gedärmen herausgeplatzt als der Papst „Amen“ oder „Urbi et Orbi“ sagen kann. Dieser eilige Kollege riecht immer nach fernen Flughäfen und wird auch gequirlte Scheiße genannt, weil man sich danach so fühlt, als hätte jemand kräftig im eigenen Unterleib herumgestochert (was in 70% der Fälle vorher aber nicht der Fall war).

Der eilige Stuhl wird in seinem medizinischen Namen „cleptlettus infernalis“ – kurz "Kleptletten" genannt. In diesem lautmalerischen Begriff, der bereits ein Gefühl vermittelt, wie es sein muss, wenn man von den Kleptletten heimgesucht wird, stecken jedoch primär zwei Bedeutungen:

1. 'Klept' von 'Kleptomanie', der regelmäßige Zwang etwas zu stehlen, in diesem konkreten Falle die Zeit und

2. 'Lette' von 'Toilette'.

Der Begriff "Kleptletten" bedeutet folglich im Grunde das Stehlen der Zeit, die man eigentlich für andere Verrichtungen braucht, durch den sich ständig wiederholenden Toilettenaufenthalt (siehe auch oben "Der Aufregungsschiss"). Spricht eine Person in ihrem näheren Dunstumfeld also davon, dass sie Kleptletten hat, empfiehlt es sich, sofort das Weite zu suchen und einige Zeit abzuwarten, bis die betreffende Person sich erholt und die Kleptletten abgelegt hat. Denn Kleptletten sind spontan, flüssig, gefährlich, radikalfaul und im Regelfalle unkontrollierbar, was bedeutet: "es kann derbe spritzen, und zwar jede Sekunde".

Der Einlaufschiss (auch „Tsunamischiss“)

Der Einlaufschiss gehört nach übereinstimmenden Überlieferungen aus den Fach-„Kack“-Kreisen zur Königsdisziplin. Wie beim Turmspringen vom 10m-Turm ist auch dies eine Übung in einer der höchsten Schwierigkeitsstufen. Oft gelingt das Kunststück nur unbewusst und ist somit extrem selten. Einige selbsternannte „Shit-Transformers“ sind jedoch in der Lage, aufgrund eines genetischen Defekts im Enddarm, den Schiss kurz vor dem Austreten in die Atmosphäre so zu verändern wie sie wünschen. Das sind dann die gefeierten Artisten auf der Keramik-Schüssel, welchen der Einlaufschiss mehrmals am Tag gelingt.

Wie aber schafft man nun den Einlaufschiss?

Ausgangsmaterial ist ein fester Schiss. Ein so genanntes „Kackeisen“. Der Schiss darf in jedem Fall nicht zu flüssig sein. Die Wurst fällt nun ins Wasser. Während dem Fallen wird aus dem Enddarm eine kleinkalibrige Ladung Spritzscheiße hinterhergejagt um einen kräftigen Tsunami aus Klowasser in Richtung des Arschloches auf der Toilettenöffnung zu befördern. Nach dem Auskacken darf sich das Arschloch jetzt nicht ganz schließen. Geübte Anal-Artisten haben hier im Laufe vieler Jahre unermüdlichen Trainings beeindruckende Techniken entwickelt. Dem Amateur genügen dazu die Zeigefinger der beiden Hände und eine kräftiges „Auseinanderziehen“. Nun trifft die Tsunamiwelle auf die Öffnung und kann dort bis tief in den Darm „einlaufen“. Direkt danach muss das Loch geschlossen werden um ein heraustropfen zu verhindern. Ist das erreicht, hat man den perfekten Einlaufschiss.

Die gequirlte Scheiße

Ein Sonderling in dieser Kategorie, denn diese Art der Scheiße kommt nicht aus dem Rektum, sondern aus dem Mund. Das kann zwar auch bei akutem Darmverschluss der Fall sein, jedoch reden wir hier genau genommen von gesprochener gequirlter Scheiße. Diese Art von Scheiße erfolgt meist sehr zum Leidweisen der Öffentlichkeit. Genau genommen könnte just in diesem Moment dieses Buch für Sie persönlich eine solche Ansammlung von gequirlter Scheiße sein. Da Sie aber immer noch dabei sind, vermute ich, dass dies bei Ihnen nicht der Fall ist. Gedankenabfälle dieser Art sind insbesondere in Foren im Internet zu finden.

Die Gummischeiße

Die Gummischeiße hat die Konsistenz von heißem Teer. Der Abseilvorgang an sich verursacht schon ein sehr unangenehmes Brennen an der Rosette. In der Schüssel und von Wasser umgeben lässt sich diese Scheiße gut wegspülen. Viel schlimmer jedoch ist das, was sich an Ihrem Hintern abspielt. Die Gummischeiße ist extrem zäh und kaum weg zu bekommen (Achtung: Nicht zu verwechseln mit der Knallgasbombe, der Unterform der Bierscheiße). Es Bedarf schon mehrerer Wagenladungen an feuchtem Toilettenpapier um die Situation in den Griff zu bekommen und wieder sauber durch die Gegend zu laufen. Ist das nicht zur Hand, hilft meistens nur die Notlösung: mehrere Lagen Klopapier zwischen die Arschbacken stecken.

Die Korkenscheiße

Deckname „Seepferdchen" oder „Freischwimmer". Dieser Kerl ist im wahrsten Sinne des Wortes nicht unter zu kriegen. Nach dem viertem Mal spülen ist die Scheiße immer noch da und schwimmt schon oben auf. Das Mist-Ding will einfach nicht untertauchen und mit den Kanalratten Bullshit-Bingo spielen. Da hilft nur „Schiffe versenken" zu spielen und eine ordentliche

Ladung Klopapier auf oder um das Seepferdchen zu legen. Entweder wird das Klo anschließend vollständig verstopft, sodass nur eine Spezialfirma den Scheiß erledigen kann, oder man ist die Korkenscheiße los und damit auch sein ganzes Klopapier. Hat dafür aber bis zum nächsten Schiss seine Ruhe.

Der heilige Stuhl

Unbestätige Quellen haben diese Form der Scheiße in der heiligen Kloschüssel von Nazareth vorgefunden. Heute wird alles ins Englische übersetzt („Holy Shit")! Daher ist der Heilige Stuhl nicht nur in dem Land zu finden, das mitten in Italien eingebettet ist. Nein, darum geht es hier nicht: Die Hauptverbreitung findet sich auf der Toilette nach dem Genuss von Chili oder Tabasco („Holy Shit – that's hot"). Sobald diese Scharfmacher im Hinterstübchen angekommen sind, spricht man bei den dabei entstehenden Anal-schmerzen vom so genannten „Afterburner".

Die Kipp-Scheiße

Diesen Sonderling kann eigentlich niemand leiden. So kann man sich zurecht die Frage erlauben, warum es diesen Scheißkerl Namens Kipp-Scheiße überhaupt gibt. In jedem Fall gelingt es Scheiße aufgrund ihrer immensen Festigkeit, sich zumindest kurzfristig gegen die Schwerkraft zu wenden und „zu kippen". Dies passiert bereits bei der leichtesten Bewegung auf der

Kloschüssel. Die Scheiße kippt unaufhaltsam und kriecht während dem Abseilvorgang nach vorne. Beim Mann ist der Hoden das erste Hindernis, das dieser Scheiße im Weg steht. Sie lässt sich aber nicht von ihrem Weg abbringen und schmiert und sch(m)eißt sich mit voller Wut gegen die Eier. Dadurch entsteht eine widerwärtige Bremsspur, die meist nur mit einer ordentlichen Analdusche in einem guten alten Bidet wegzubekommen ist.

Die Glückswurst

Das ist der heilige Gral unter den Toilettengängen. Sehr selten, kaum aufzufinden aber von absolut jedem begehrt. Schissgeschwindigkeit und Festigkeit sind dermaßen optimal aufeinander abgestimmt, dass der Schiss absolut Spurlos in den Abfluss davonrauscht. Selbst die Spurensicherung von CSI Miami würde keine beweisbaren Rückstände am Rektum oder in der Toilette finden. Bevor Sie die Spurensicherung anrufen und vor Ort Ihr Anliegen erklären seien Sie gewarnt: Es könnte sein, dass die Jungs und Mädels Sie dann womöglich direkt und ohne Umschweife in die geschlossene Psychiatrie einweisen lassen. Daher ist zuvor das sogenannte „Shithouse-Paper-Test“-Verfahren anzuwenden. Hierzu mit einem Streifen ein bis zweilagigem Klopapier durch die Ritze wischen. Anschließend werden eine Sicht und Geruchsprüfung des Teststreifens genommen. Können keine Beweisstücke aufgefunden werden, handelt es sich um eine Glückswurst und Sie können auf den Einsatz der Spurensicherung getrost verzichten.

Die Krokette

Ein entfernter Verwandter der „Glühwurst", ist eher ein flüssig-breiiger Zeitgenosse. Dies ist meistens nicht weiter relevant, sei denn, der Agierende gehört zur Spezies der Stuhldrücker. Ist dies der Fall, kann eine frühzeitige Kontraktion des Schließmuskels fatale Folgen haben: Die Epidermis der Krokette wird durch den Druck zerstört, worauf die (meist ätzende) Flüssigkeit austritt und die unmittelbare Umgebung der Rosette kontaminiert.

Die Möchtegern-Scheißerei

Manchmal auch die „So-tun-als-ob"-Scheiße genannt. Tritt dann auf, wenn man erst vor ein paar Minuten geschissen hat, prompt aber meint nochmals ein Ei legen zu müssen. In nicht-medizinischen Fachkreisen wird dies auch als Phantom-Schiss bezeichnet. Bei der zweiten Sitzung kommt absolut nichts. Das ist dann ein typsicher Möchtegern-Schiss.

Die Sprühwurst

Besteht ähnlich wie der Explosionsschiss aus mindestens zwei Komponenten. Jedoch sind die Komponenten hier nicht nacheinander geschichtet, sondern ineinander „einmassiert". Es entsteht eine dünnflüssige, braune Soße mit vielen harten Stücken.

Die Sprühwurst wird zwar wie jede andere Scheiße auch aus dem canalis analis ausgeschieden, aber mit dem Druck von mehreren Bar. Die Wirkung einer Sprühwurst kann so heftig sein, wie ein Schuss aus 2cm Entfernung mit einer Schrotflinte. Es kann also erst so richtig scheiße werden, wenn beim Kacken die Schüssel unter Ihnen zusammenbricht. Besonders in fremden Behausungen bedarf dies in der Regel einigen Erklärungen.

Die steinharte Scheiße

Die steinharte Scheiße wird hin und wieder auch „Strafe fürs Rektum" genannt. Die Farbe ist meist grau bis schwarz. Diese böse, den Anus malträtierende Scheiße entsteht meistens als direkte Strafe für die Plünderung der heimischen Chips- und Gummibärchen-Vorräte. Darüber hinaus ist dieser Schiss bei Menschen anzutreffen, die den selbigen den ganzen Tag über unterdrücken, weil keine Zeit ist, „den Bob in die Bahn zu legen." Diese Scheiße kriecht nur langsam und behäbig aus dem Hinterteil hinaus. Bei Frauen erinnert es an die letzten Presswehen. Somit ist steinharte Scheiße vermutlich dazu gedacht Männern näher zu bringen wie sich die Geburt eines Kindes anfühlen könnte.

Schw*le Scheiße

Hinweis der Redaktion:

Dieser nachfolgende Absatz enthält nach Ansicht vieler Leser absurd viele Fäkal- und Kraftausdrücke sowie mehrere Anspielungen auf Homosexualität.

Wenn Sie unmittelbar davon betroffen sind – also schwul sind oder hin und wieder die Toilette aufsuchen, dann sollten Sie darüber nachdenken dieses Kapitel zu überspringen!

Bereit?

Haben Sie sich entschieden?

Okay, Sie wollten es ja so...

Jeder Dreijährige weiß bereits, dass Scheiße gülden-braun bis schwarz, leicht verformbar, übelriechend und trotzdem eine konstante Notwendigkeit ist, die das menschliche Arschloch in der Regel mehrmals täglich kitzelt und zu neuen Höchstleistungen im Verformungsprozess antreibt.

Schwule Scheiße ist eigentlich relativ ähnlich. Nur anders herum: Diese Scheiße verlässt den Darm nicht, sondern wird mit einem ordentlichen Knall hineingetrieben.

Jetzt kann ich schon ein politisches Erdbeben (vielleicht auch einen Shitstorm...?) am Horizont aufbranden sehen. Die Gedanken könnten da so, oder so ähnlich aussehen: „Alter Scheißdreck... das Buch ist ja schon irgendwie grenzwertig. Und jetzt schmeißt dieser elende Mistsack von Autor noch die Homosexuellen in einen Topf mit dem menschlichen Ausfluss. Geht's dem Typen zu gut? Der gehört doch nach Strich und Faden verdroschen..."

Hier sage ich: Moment liebe Freunde des schwarzen Humors! Hier wird niemand niedergemacht oder diffamiert! Falls Sie es bis hierhin nicht gemerkt haben sollten, wir sind hier im Bereich der Satire unterwegs. Fürs Protokoll muss ich das an dieser Stelle leider loswerden. Die Korrekturleser sind mir an dieser Stelle ohne diesen Hinweis mehrfach an die Gurgel gesprungen.

So, jetzt weiter im Text...

Schwule Scheiße ist kein politisch korrekter Begriff. Schauen wir auf die Etymologie, dann wird sogar klar, dass das Wort „schwul" eigentlich komplett falsch genutzt wird. Schwul bedeutete (wie der nahe verwandte Begriff „schwül") zum Entstehungszeitpunkt des Wortes nicht mehr als „warm". Mehrere nicht im Bundestag eingereichte Petitionen hatten vergebens versucht diese derbe Wortbezeichnung durch „etwas anständiges" zu ersetzen. Dabei waren Vorschläge wie „Rückverkotung" oder „Wendeschiss" und „rückwärtige Neubestuhlung" einige der engeren Favoriten. Das Bundesministerium für Arbeit und Soziales hatte als Kompromiss mit einer mehrjährigen und kosten- uns steuergeldintensiven Imagekampagne versucht, wenigstens den abgeschwächten Begriff „homosexueller Kot" statt schwuler Scheiße gesellschaftlich gangbar zu machen. Das ging leider, wie ein Explosionsschiss, ordentlich nach hinten los.

Die geschichtlichen Spuren der schwulen Scheiße sind stark verwischt. Jedoch gibt es nicht mehr belegbare Quellen, die besagen, dass Karl der Große sich mehrere so genannte Stuhlknechte hielt. Diese waren im Volksmund auch als „Scheißkerle“ bekannt und hatten die Aufgabe dem lieben Karl zu feierlichen Anlässen die besten Kackwürste des Landes (natürlich frisch vor Ort gezapft) ins Rektum zu schieben. Da der Prozess der Anlieferung einer warmen Wurst im Mittelalter durchaus problematisch war, war das Auswahlverfahren der Stuhlknechte äußerst streng und langwierig. Es war nämlich auch Aufgabe der Stuhlknechte, diese warmen Würste in höchster Qualität selbst herzustellen. Würde ein solches Auswahlverfahren heute stattfinden, würde dies vermutlich von RTL ausgestrahlt und „Deutschland sucht die Superscheiße“ heißen. Moment? Gibt es das nicht schon, nur mit anderem Namen?

Scheißkrankheit

Die Scheißkrankheit ist in dem Sinne keine Krankheit, welche auf eine bakterielle oder virale Infektion zurück zu führen ist. Auslöser ist mittelgroßer bis übergroßer anhaltender Konsum von verschiedenen Social-Media-Kanälen wie z.B. Youtube oder Instagram.

Wie genau diese ganze Scheiße angefangen hat, ist heute schwer nachzuvollziehen. Vermutlich waren mal wieder die Ami’s schuld.

Übertragen wird die Scheißkrankheit somit vom PC- oder Smartphone-Bildschirm. Untersuchungen von

Professor Flitwick auf Hogwarts legen die Vermutung nahe, dass auch eine Schmierinfektion durch eine Übertragung von Geräten möglich ist, auf denen diese Scheiße nur zwischengespeichert wurde.

Ob die Scheißkrankheit durch Geschlechtsverkehr übertragbar ist, konnte nicht nachgewiesen werden, da die betroffenen Altersgruppen sich mit dieser Thematik bisher (noch) nicht auseinandersetzen. Ausnahme: Beim Sex läuft dieser Scheiß nebenher mit Lautsprecherfunktion auf dem Smartphone mit. In diesem Fall der gut gemeinte Ratschlag: Eine Smartphone-Hülle dient nicht als Verhütungsmittel.

Die Scheißkrankheit macht sich bei Betroffenen wie folgt bemerkbar:

- Nervös-hysterisches Lachen bei Ansehen von Social-Media Postings und Videos
- Unkontrollierte Veränderung der Worwahl:
    - Samstag wird zu Saastag
    - Schnell zu schnaaasch
    - Wörter wie „Scheiße“ werden zu oft verwendet.
- Nach 12-stündigem Entzug tritt Zittern und Tourette auf

Behandelt werden sollte die Scheißkrankheit keinesfalls mit Hip-Hop oder dem Konsum von Teleshoppingkanal-Sendungen. Stattdessen eignen sich große Mengen an fetthaltigen Lebensmitteln. Dann kommt die ganze Scheiße aus dem Kopf langsam in den Bauch und mit einem großen Knall irgendwann in die Keramikschüssel.

In die Hose scheißen

In die Hose scheißen gibt es nicht erst seit den Jeans von Levi Strauss. Jedoch ist dieses Privileg in der Regel Babys und Kindern bis zum 16. Lebensjahr vorbehalten. Allerdings ist ein Trend zu erkennen, dass auch immer mehr Erwachsene sich dafür erwärmen können. Ursache dafür ist der gesellschaftliche Trend zur Vollbeschäftigung sowie der Trend hin zum Zweitjob. Es ist einfach zu praktisch die Scheiße unterwegs in die Hose abzulassen, wenn man zu beschäftigt ist. Es gibt heutzutage hervorragende saugstarke Einlagen, welche ein warm-weiches Gefühl verleihen, das Rektum feucht halten und damit eine Wundbildung verhindern.

Schauen wir jedoch erst einmal zurück an den Anfang: Der erste Hosenschiss ereignete sich an dem Tag, am dem die Hose erfunden wurde. Der Erfinder war nicht überlieferten Berichten zufolge so begeistert von seiner Schöpfung, dass er die Hose den ganzen Tag am Körper trug. Erst am späten Abend vor dem Schlafen gehen wurde ihm klar, dass er das Loch zum Scheißen vergessen hatte. Der Mist war einfach in der Hose hängen geblieben. Dazu muss man wissen, dass ein Loch in der Hose ursprünglich zentraler Bestandteil der ersten Entwürfe war. Es sollte ein Ausziehen bei der Sitzung verhindern und während dem Tragen für ausreichend Frischluftzufuhr am Rektum sorgen.

Stattdessen fand nach diesem Vorfall eine weitere Entwicklung mit dem Namen Unterhose statt – oder der gefütterte Freund „die Windel“. Bis heute erfreuen sie sich größter Beliebtheit und sind aus dem Alltag nicht mehr wegzudenken. Sie schützen vor Missgeschicken jeder Art.

In der heutigen Zeit findet so gut wie jeder von uns einen Grund, sich mindestens einmal täglich in die Hosen zu schießen. Angst ist dabei einer der entscheidenden Faktoren. Gründe für den Hosenschiss könnten sein: Angst vor der Niederlage der Liebslings-Fußballmannschaft, Angst vor dem Finanzamt, Angst, dass der Reißverschluss klemmt oder weil der Hund von nebenan so böse knurrt.

Um dem Angst-Hosenschiss Einhalt zu gebieten, wurde die GHV, der Gegen-Hosenschiss-Verbund gegründet. Mitglieder dieser Vereinigung erhalten gegen eine monatliche Gebühr unbeschränkten Zugang zur Partner-Reinigungen und Ersatzhosen.

Grundsätzlich kann der Hosenschiss relativ einfach anhand des plötzlichen warm-feuchten Klimas in der Lendengegend der eigenen Hose ausgemacht werden. Alternativ ist der verräterische Geruch ein klares Signal dafür, dass hier „etwas nach hinten losgegangen" ist.

Um den Hosenschiss zu verhindern wird Betroffenen empfohlen, die Hose rechtzeitig herunter zu ziehen. Es besteht hier zwar ein gewisses Restrisiko, dass Hausverbot verhängt wird, aber die eigene Hose bleibt sauber. Und das ist alles was zählt.

Die Fäkaltransplantation

Die Fäkaltransplantation wird häufig mit der zuvor beschriebenen schwulen Scheiße verwechselt. Bei der schwulen Scheiße geht's aber nur um den reinen Spaß am Fremdschiss, also dem warmen Bruder (des eigenen Schiss) im Darm und Rektum. Die Fäkaltransplantation hingegen ist eine alternative Therapieform. Befürworter behaupten, dass diese (widerliche?) Art der Behandlung bei Darmerkrankungen wie zum Beispiel „galoppierender Arschlappenfäulnis" oder „unsteten Flatulenzen" helfen kann.

Damit das Ganze Wirkung zeigt, wird die Spende häufig von einer Person zur Verfügung gestellt, mit der eine direkte genetische Beziehung besteht. Also nicht der Freund, oder die Freundin. Das macht zwar dem ein oder anderen sicher Spaß, dann wären wir jedoch wieder im Bereich der schwulen Scheiße angelangt. Der Verwandtschaftsgrad verhindert Abstoßungsreaktionen des Immunsystems. Zudem wird das Transplantat nicht „warm und frisch" eingeführt. Stattdessen findet eine genetische Aufbereitung in einer dafür spezialisierten Praxis statt (so genannte „Scheißhäuser"). Während der Aufbereitung wird das Objekt der Begierde gefriergetrocknet, gepresst und parfümiert. In einigen Ländern werden noch „Rennstreifen" aufgedruckt, was die Wirkungsweise jedoch nicht verändert.

Die Transplantation kann auf eine der folgenden Arten stattfinden:

- Oral (Getränk oder Schokosauce)

- Anal als Zäpfchen
- Als Creme großflächig auf die Haut verteilt
- Minimalinvasiv (Entnahme des Blinddarms und gleichzeitige Einbringung des Transplantates)

Der Spender muss über 6 Wochen peinlichst genau auf seine Ernährung achten. Empfehlenswert ist eine strenge ketogene Diät. Alkohol sollte absolut vermieden werden.

9 (harte und weiche) Fakten über Scheiße

Wissenschaftsscheiße

Laut einer Studie der Universität Bristol ist das hier alles Scheiße was ich da geschrieben habe. Diese Studie besagt, dass es genau 7 Arten von Kot gibt:

- Harte einzelne Klumpen – wie Nüsse oder Ziegenkot (schwer raus zu kriegen)
- Klumpige Wurstform
- Rissige Wurstform
- Weiche Wurst / weiche Schlange
- Weiche Kleckse mit klaren Kantenlinien
- Flauschige Stückchen (matschig mit zottigen Kanten)
- Flüssig

Wie die Wissenschaftler zu dieser Erkenntnis gekommen sind und wie vielen Menschen Sie wie genau beim Scheißen zugesehen haben ist nicht überliefert.

Schwere Scheiße

Ein einzelner Schiss kann bis zu 1,5 kg Scheiße hervorbringen. Das entspricht dem Gewicht von zwei Babykatzen. Pro Jahr produziert jeder Mensch im Durchschnitt 100 kg rektale Scheiße. Der geistige Dünnschiss ist da noch gar nicht mitgerechnet. Die Einwohner Berlins produzieren jeden Tag 800 Tonnen Kot.

Pinguin-Scheiße

Pinguine hauen die Scheiße mit mehr als dem vierfachen Druck eines Menschen raus. Die Scheiße fliegt dabei bis zu 40cm weit durch die Luft. Die Scheißhaufen von Kaiserpinguinen sind so groß, dass man Sie vom Weltraum aus sehen kann.

Mond-Scheiße

Auf dem Mond gibt es noch heute zurück gebliebene Tüten mit Scheiße. „Houston wir haben ein Problem!“

Farben-Scheiße

Scheiße kann verschiedenste Farben annehmen. Einige davon sind Ihnen bis hierin bereits begegnet. Komische Farben können ein Anzeichen einer Krankheit sein oder von Farbstoffen im Essen herrühren. Ein violetter Stuhlgang kann auf eine Stoffwechselkrankheit hinweisen. Menschlicher Kot kann weiß sein nach dem Schlucken von Röntgenkontrastmittel oder wenn Sie an einer bestimmten Lebererkrankung leiden. Vielleicht sind auch Gallensteine schuld. Am besten mal zum Arzt gehen. Salmonellen können den Stuhl hingegen grün färben. Das kann aber auch an Grünkohl, Brokkoli oder Zucchini liegen, wenn diese in großen Mengen zugeführt werden. Blaubeeren, Laktritze oder Traubensaft machen die Scheiße schwarz. Die schwarze Farbe kann aber auch vom Aspirin, Ibuprufen oder den Eisentabletten kommen. Vielleicht aber auch von einer Blutung im Darm.

Scheiße fressen

Das Pica-Syndrom ist eine seltene Form der Ess-Störung. Dabei nehmen Menschen ungenießbare Dinge zu sich. Darunter hin und wieder auch Kot.

Erdhörnchen, Mäuse, Chinchilla, Ratten, Hunde, Elefanten, Schweine, Meerschweinchen und Biber fressen hingegen ihren eigenen Kot. Beim Menschen wird dies generell gar nicht und wenn, dann nur in geringer Dosis als empfehlenswert erachtet.

Aderplatz-Scheiße

Zu festes Drücken auf dem Klo ist zu 3,5% die Ursache dafür, wenn beim Menschen im Gehirn eine Ader platzt. Das kann zu Gehirnschäden oder sogar zum Tod führen. Also immer schön entspannt bleiben.

Smartphone Scheiße

Jedes sechste Handy weist einer britischen Studie zufolge Spuren von Fäkalien auf. Also lieber auf dem Klo die Zeitung lesen!

Whatsapp Scheiße

Waren Sie schonmal Teil eines Gruppenchats? Mit Freunden? Zur Organisation eines Junggesellen-abschiedes?

Es ist empirisch belegt, dass die Höhe und Intensität des Bullshits in Chats ganz stark mit der Anzahl der Teilnehmer korreliert. Der Informationsgehalt sinkt demgegenüber genauso schnell in die entgegengesetzte Richtung. Oder kurz und auf den Punkt gebracht: Mehr Mensch – mehr Scheiße!

Aus Scheiße Geld machen !

Ahhh... geschafft!

Das große Geschäft haben Sie hinter sich gebracht.

Jetzt heißt es: Abwischen und daraus Geld machen...

Wenn Sie hier angelangt sind, dann haben Sie

- den richtig heftigen Scheiß überstanden. Jetzt geht's fast überwiegend noch um Gedankenscheiße. Aber ob das jetzt besser ist? Gedankenscheiße kann richtig weh tun. Der Schmerz heftiger Gedankenscheiße kann den ganzen Körper durchströmen. Wohingegen die rektale Scheiße nur in den unteren Regionen hin und wieder Schmerzen bereiten kann.

- das vorherige Kapitel übersprungen, weil es eklig und abstoßend war. Ich kann Ihnen hier nicht versprechen, dass es jetzt besser wird. Aber lassen Sie es doch auf einen Versuch ankommen. Auf das Buch scheißen können Sie danach immer noch. Zeigen Sie das doch auch Ihren freunden mit dem richtigen Look. Auf *shop.scheissepedia.de* habe ich dazu etwas für Sie vorbereitet.

- dieses Buch beim Stuhlgang neben sich auf dem Stapel von zerfledderten Zeitschriften im Scheißhaus gefunden und sind hier zufällig gelandet. Dann wünsche ich Ihnen ein gutes Geschäft und nur die beste Unterhaltung mit diesem geistreichen Werk.

Lassen Sie uns jetzt eintauchen in die große weite Welt des (geistigen) Dünnschisses und was kreative und findige Menschen daraus alles anstellen.

Scheißhäuser

Scheißhäuer? Ja, Scheißhäuser! Diese Objekte der Begierde sind zu gut wie überall zu finden.

Der Vorarbeiter auf dem Bau verdingt sich mit der Zeitung auf dem ToiToi oder dem Dixi-Klo. Es geht hier absolut nichts über den herrlichen intensiv-ekligen Geruch von Ammoniak die für eine komplette Turnhalle ausreichen würden. Stattdessen wird der Geruch auf den 0,27 Quadratmetern in der abgeschlossenen Plastik-Sprengkapsel konzentriert. Vermutlich ist diese leicht betäubende Wirkung pure Absicht und soll eine retrograde Amnesie auslösen, die den Blick in die offene „Senke des Grauens“ auslöst. Je nach Bauart und Modell hat der Besucher dieses stillen Örtchens das Vergnügen auf eine braun-grünliche Suppe aus schwimmenden Fäkalien der letzten 127 Besucher dieses Örtchens zu starren. Waren Sie schon einmal auf einer Plastik-Toilette die irgendwo auf einem Festgelände aufgestellt wurde? Wie ging es

Ihnen danach? Hatten Sie das direkte Bedürfnis in eine große rote (Brat-)Wurst zu beißen?

Warum erzähle ich Ihnen das? Überlegen Sie einmal wie die Häuschen an die Orte der Bedürfnisse kommen! So ein einziges „verkacktes“ Toilettenbüdchen kostet den Betreiber zwischen 30€ und 100€ für eine Woche. Wenn's ein ganzer Toilettenwagen sein soll steigen die Preise selbstverständlich an. Wobei ich persönlich die kleinen Toilettenbüdchen viel interessanter finde. Meinem Gefühl nach werden die Reste darin nie geleert. Stattdessen wird das Häuschen mit der ganzen Brühe einfach zum nächsten Ort gefahren, 17 WC-Steine hinein geworfen und weiter geht's. Das sind natürlich nur reine Vermutungen, ich habe das niemals nachgeprüft und bewege mich damit im Bereich der Hypothesen. Aber auch bei einer Zwischenreinigung (Scheiße absaugen, ausspülen, fertig) ist das Ding genial. Man kann damit also ohne großen Aufriss bis zu 400€ im Monat verdienen. Krasser Scheiß! Alles was man benötigt ist ein kleines Pastik-Kabinchen, eine Hub- und Transportvorrichtung und irgend eine arme Sau, die den Scheiß später sauber macht. Vielleicht findet sich da auch jemand auf einem umliegenden Campingplatz. Camper sind es schließlich gewöhnt die Scheiße in Behältern zu transportieren.

Noch besser ist das Prinzip „Klofrau“ sowie die „Sanifair“-Methode.

Sanifair findet sich meines Wissens nur an Raststätten an oder in der Nähe von deutschen Autobahnen wieder. Ich muss selbst zugeben, die Einrichtungen sind eine willkommen Alternative, gegenüber diesen

Edding-beschmierten, nach Urin-stinkenden, muffigen Toilettenhäusern, die an den Parkplätzen auf deutschen Autobahnen anzutreffen sind. Zwar sieht man bei den Toilettenhäusern immer wer gerade dort war („Ich war hier“) und kann die neusten Angebote aus der Schwulenszene lesen („Leck meine Eier – 0174-9865XXX“). Allerdings ist es irgendwie schon ein bisschen heimeliger sich auf in einem mit Tageslicht beleuchteten, weiß gekachelten und badezimmer-warmen WC zu befinden. Allerdings kostet die Benutzung 70 Cent pro Person. Klar, man bekommt 50 Cent wieder. Aber nicht jeder hat das Bedürfnis sich für 3,49€ einen Mini-Espresso zu ziehen oder einen Schokoriegel für 1,99€ zu kaufen nur um dabei dann 50 Cent zu sparen. Eigentlich ist dann noch mehr Kohle im Abflussrohr verschwunden. Ich stelle als fest, dass man sich das Scheißen richtig teuer bezahlen kann, wenn das Ambiente stimmt, man auf dem Weg ist und nur mal eben schnell muss. Wenn ich an die Hauptverkehrsstraße einer großen Einkaufsstraße ziehe und in meinem Hinterhof ein Toilettenhäuschen installiere. Könnte dies dann auch funktionieren? Ich glaube ja!

Nicht ganz so elegant wie Sanifair, dafür aber nicht minder effektiv ist das Prinzip „Klofrau“. Die nette damit sitzt mit ihrem weißen Lendenschurz vor einem Klapptisch mit Spitz-Tischdecke. Darauf ein billig wirkender Porzellan-Teller mit einigen wenigen Münzen. Eine 1 Euro Münze hat sich vielleicht auf den Teller verirrt, daneben viele 20 Cent und 10 Cent Münzen, sowie einige 50 Cent Münzen. Was macht das mit dem Besucher? Naja abgesehen davon, dass er versucht ihren Blick zu meiden, wird er nicht drum herum kommen ihr „Grüß Gott“ zu erwidern. Dadurch entsteht eine clever inszenierte Verbindung zwischen dem Besucher und der netten Dame. „Die hat ja so einen miesen Job, da kann man ja ein paar Cent da lassen. Und nett „Hallo“ hat sie auch gesagt.“ Lassen Sie sich nicht täuschen. Das ist ein knallhart kalkuliertes Geschäft (wie ihres da hinten in der Schüssel). Das Geld auf dem Teller kann je nach Ort und Besucher-Frequent bis zu 1.000€ am Tag ausmachen. Ich frage mich, ob es nicht Sinn machen würde sich mit einem weißen Polo-Hemd und einem Klappstuhl ausgerüstet vor das WC meines Lieblingsrestaurants zu setzen. Ich könnte dort Vor-Ort-Recherche für weitere Bücher betreiben und nebenher den Teller immer wieder abräumen. Grandios, finden Sie nicht?

Merchandise (Merchand-Scheiße)

Dass Scheiße verschiedene Farben haben kann, haben Sie bereits lesen dürfen. Scheiße kann auch bunt sein (Teletubbies). Und diese bunte Scheiße gibt's auch in Form von Kuscheltieren, DVDs oder Hörspielen zu kaufen.

Dabei bleibt es aber nicht: Kennen Sie aus Kindheitstagen das Spiel „Quartett? Es gibt hiervon auch eine Version die sich das „Scheiße Quratett“ nennt. Aber davon nicht genug. Gibt man bei amazon.de den Suchbegriff „Scheiße“ ein, erhält man über 4.000 Ergebnisse. Vom Spiel „Kacka-Alarm“ für Kleinkinder über Stuhlgang-Schokocreme bis hin zu Kothaufen-Imitationen und Büchern über Scheiße wie dieses. Da scheint eine ganze Merchand-Scheiß

Bewegung vorhanden zu sein, die weiß, dass sich mit dem Kopfkino zu dieser braunen, stinkenden Masse die durch jeden Körper wabert eine Menge Geld zu machen ist. Oder es ist so eklig, dass es schon wieder witzig ist und somit lassen sich daraus wunderbare Scherzartikel machen.

Mein persönlicher Favorit ist jedoch „Otohime“: Um das Geräusch beim Scheißen zu unterdrücken muss man nicht länger den Wasserhahn laufen lassen. Ein Gerät namens Otohime ist in Japan sehr beliebt. Im eingeschalteten Zustand gibt das Gerät ein Geräusch von sich wie eine laufende Wasserspülung. Wenn das nicht mal eine geniale Erfindung ist. Das Ding kostet über 100€. Unfassbar. Mehr dazu können Sie sich unter www.geraeuschprinzessin.de ansehen. Auf Amazon selbst kostet das Gerät als Import sogar über 1.000€.

Kacki-Kekse

Falls Sie auf dem nächsten Kuchenbasar kräftig Asche machen und bleibenden Eindruck hinterlassen wollen, dann schauen Sie sich mal das Rezept für die „Kacki-Kekse“, welches auch durch kurzes googeln vielfach aufzufinden ist:

Zutaten

300 g	Mehl
1 Pck.	Backpulver
100 g	Puderzucker
2 Pck.	Vanillezucker
76 g	Kakao
1 Prise	Salz
1	Ei
4 EL	Milch
125 g	Butter

Zubereitung:

Backpulver und Mehl wie wild vermischen, als ob es kein Morgen gäbe. Dann alle weiteren Exkremente (außer Kakao) miteinander vermengen. Jetzt ein kleines Kügelchen davon entfernen (für die Augen). Dann den Kakao dazu, damit es schön nach Scheiße aussieht.

Jetzt wie auf dem Klo zwei lange dicke Stangen formen. Danach noch einen kleinen Ball (für die Augen) machen. Die Würste dann in gleich kleine Stück schneiden. Jetzt darauf einen schönen Scheißhaufen formen.

Der weiße Teig wird jetzt zu vielen einzelnen Kügelchen geformt. In die Mitte jeder Kugel kommt noch ein kleines braunes Kügelchen. Wem das zu viel Arbeit ist, lässt die Augen weg (wirkt authentischer) oder kauft sich Klebe-Augen.

Bei Umluft 185 °C ca. 10 Minuten backen. Fertig ist der warm-süße Schiss!

Panda-Tee

Der teuerste Tee der Welt mit dem Namen Panda-Tee wird in China hergestellt. Der Tee bzw. die Teepflanze wird mit dem Kot von Pandas gedüngt. Ein Kilo dieser Köstlichkeit kostet die unfassbare Summe von bis zu 50.000€. Na wenn in China nicht aus Scheiße Geld gemacht wird, weiß ich auch nicht.

Kopi Luwak

Dieser teuerste Kaffee der Welt kostet (wenn er nicht künstlich hergestellt wird) pro Kilo bis zu 1.000€. Für diesen Kaffee werden nur Bohnen genutzt, welche zuvor den Verdauungstrakt einer bestimmten Schleichkatzenart durchlaufen haben. Da kann man sich den Scheiß sprichwörtlich auf der Zunge zergehen lassen. Dass dieser Scheiß als Delikatesse durchgeht ist wohl die größte Errungenschaft der Menschheit seit Erfindung der Umweltzone.

Promille-Musik

Der Ballermann: Ich geb's gerne zu! Das ist Musik genau nach meinem Geschmack. Gefühlte zwei Promille im Schädel und man kann die Lieder immer noch völlig textsicher zum Besten geben, wenngleich der Außenstehende bei steigendem Pegel kein Wort versteht. Darauf kommt es aber nicht an: Ob Gegröle oder Mitgesinge. Inhaltlich gibt sich das nicht unbedingt viel.

Es gibt einige Songs, die keinen Hehl draus machen, wie tiefgründig es zur Sache geht. Nehmen wir mal „Aber Scheiß drauf - (Malle ist nur ein Mal im Jahr)“, „Scheiß auf Schicki-Micki“ oder „Ich weiß leider nicht mehr wie du aussiehst, kenn nicht deinen Namen - Scheißegal (besoffen)“.

Worum geht es in diesen Ergüssen menschlicher Weisheit? Ich behaupte um den Bullshit in seiner Reinstform. Das sind Scherzartikel, verpackt als Song. Und genau das liebe ich daran. Solange sich mit Liedern wie „Wer hat dem Affen den Popo rasiert“ eine Familie ernähren lässt, oder mit „Zehn nackte Frisösen“ und deren Nachfolger-Songs mehrere Häuser kaufen lassen bin ich mir sicher, dass in dieser Branche immer wieder für Nachschub gesorgt werden wird.

Bücher

Bei Büchern ist es wie bei der Promille Musik. Es gibt so viel davon und einiges davon ist richtig schlecht. Anderes wiederum ist so dermaßen daneben, dass es vielleicht schon wieder als eigenes Kunstwerk durchgeht (Dieses Buch zum Beispiel!). Ich folge der festen Überzeugung, dass kein Autor vor der Veröffentlichung weiß, ob sein Buch gut ankommt oder nur ein Haufen Scheiße ist. Ich selbst habe einen Vorteil: Ich weiß bereits, dass sich dieses Buch inhaltlich nur mit Scheiße beschäftigt. Wenn Sie das Buch also auch noch scheiße finden, dann ist das in dem Fall ja grundsätzlich eine runde Sache!

Ich will hier ja aber keine Selbstbeweihräucherung betreiben. Einige Werke in dem Genre gehören fast schon zum de-facto Standard wie z.B. „Darm mit Charme“. Daneben gibt es ganze Ratgeber die sich mit dem Thema Darmsanierung beschäftigen. Echt jetzt? Glauben Sie, dass Sie in einem ebook für 0,99 Cent eine vernünftige Erläuterung darüber bekommen wie Sie Ihr Rektum ordentlich sauber bekommen? Wenn dem so ist, schicken Sie mir bitte das Buch und ein Bild Ihres Ergebnisses. Die Webseite kennen Sie ja bereits.

Unabhängig von den Büchern, mit inhaltlichem Fäkalienbezug gibt es auch viele Bücher die einfach so richtig scheiße sind. So gibt es Bücher ohne Inhalt (Titel „NIX“) oder auch Titel mit Inhalt (Gesetzbücher, Geschichtsbücher von Peppa, irgendwelche Anleitungen für Amazon Echo Geräte, Rezeptbücher ohne Bilder). Insbesondere die letztere Gattung ist zahlreich im Internet anzutreffen. Scheint ja zulaufen.

Aber mal ehrlich: Ein Rezeptbuch ohne Bilder? Könnte man die Rezepte dann nicht gleich online auf dem Tablet in der Küche nachschlagen? Sogar mit Bild?

Da wir gerade bei Scheiße und Kot und Büchern sind, möchte ich Sie an der Stelle darauf aufmerksam machen, dass dieses Buch zusätzlich als Hörbuch erschienen ist. Sogar ganz exklusiv bei audible. Der Knaller, oder?

Kunst

Es muss wohl so schräg sein, dass es schon wieder genial ist. Das muss sich zumindest der italienische Künstler Pierro Manzoni gedacht haben. Dieser feine Herr verkaufte 1961 seinen eigenen Kot, indem er ihn fein säuberlich in Konservendosen abfüllte. Inzwischen ist jede einzelne Dose über 130.000 € Wert. Für mich ist dieser Herr der absolute Goldmedaillengewinner in der Disziplin „Aus Scheiße Geld machen". Vielleicht ist es auch nur stille Bewunderung meinerseits für diesen kongenialen Visionär seiner Zeit.

Der britische Künstler Marc Quinn steht Herrn Manzoni jedoch in nichts nach. Marc Quinn hat 1997 eine Büste seines Gesichtes aus seinem eigenen Kot geformt. Das Werk heißt Shit-Head.

Scheißideen

Wer kennt sie nicht? Diese dummen Ideen die der Kumpel, der Freund, die Freundin oder vielleicht ein Arbeitskollege hat. Man hört sich den Mist an und denkt: „Ja klar, erzähl du mal! Aber den Mist will doch sowieso keiner!“.

Was aber passiert, wenn dieser Spinner seine Idee einfach so weiter vorantreibt? Wenn derjenige einfach nicht verstehen will, dass seine dummen Ideen von der Welt da draußen nicht benötigt werden?

Dann tritt der schlimmste Fall ein...

Eine Scheißidee wird geboren und kommt auf die Welt. So könnte man unter heutigen Gesichtspunkten die Realisierung des Berliner Hauptstadtflughafens, von Bauplanung und Bauleitung, durchaus als eine Scheißidee bezeichnen. Andere Beispiele für Scheißideen sind Youtube oder WhatsApp. Wer um Himmels willen benötigt ein Portal zum Austauschen von Videos in (damals) mieser bis schlechter Auflösung? Es gibt doch das Fernsehen und Musik kommt auf Viva und MTV! Und wer zum Henker benötigt einen Messenger, wenn es doch schon die SMS gibt. Das braucht doch niemand!

Es scheint hier einen Trend zu geben: Eine Idee ist nur so lange scheiße, bis sie zumindest irgendein einziger Spinner auf dem Planeten doch gut findet!

Scheiße, war's das schon?

Jetzt muss ich Ihnen ein Kompliment machen! Sie haben es geschafft! Sie haben dieses Buch tatsächlich bis hierin durchgelesen! Dafür möchte ich mich ganz herzlich bedanken! Ich kann mir auch durchaus vorstellen, dass das Lesen dieses epischen Meisterwerkes meinerseits Ihre Verdauung in Schwung gebracht hat (Darmsanierung 2.0 sagen die Experten dazu). Das könnte ein neuer Trend sein: Scheiße labern – um (wieder) entspannter zu Scheißen!

Ich wünsche Ihnen eher viel Spaß bei Ihrem nächsten großen Geschäft. Das kann der nächste Stuhlgang sein und ihre daran geweckte Neugierde, was für ein Objekt denn da nun im Abfluss liegt. Spraddelscheiße, Bierschiss oder doch ein Explosionssschiss in Reinstform? Ich bin mir sicher, Sie haben jetzt einen guten Überblick erhalten damit Sie beim nächsten großen Ding einen sachkundigen Blick in die Gefilde unter Ihnen werfen können. Wenn Sie ganz viel Mut zusammenbringen, dann angeln Sie das Prachtstück aus der Suppe heraus und diskutieren Sie Ihre Meinung mit jemandem, der dieses Buch ebenfalls gelesen hat. Oder senden Sie mir ein Bild und lassen Sie die Welt über ein Posting *www.scheissepedia.de* an Ihrer Meisterleistung und Ihrer Interpretation derselben teilhaben

Andererseits sind Sie nun auch darüber in Kenntnis gesetzt, dass Scheiße nicht nur in greifbarer braunstinkender Anal-Form in der Natur vorkommt. Die Menschheit hat mehrere Wege geschaffen um aus Scheiße Geld zu machen. Lassen Sie sich davon nicht entmutigen, sondern finden Sie Ihren eigenen Weg, aus Ihrer eigenen Scheiße Geld zu machen und die Welt damit um eine entsetzlich-schrecklich-kongeniale KomPOnente zu bereichern.

Willst du noch ein Buch mit einem nicht zu verachtenden Anteil von (un)nützlichem Wissen lesen?

Dann hab‘ ich hier genau das Richtige für dich:

Hier kommen betroffene / gesegnete Männer zu Wort und du erfährst erstaunliche und teils auch etwas eklige Details über ihren Alltag und ihre Gewohnheiten.

Link zum Buch:

https://www.amazon.de/dp/B08NW3XF4M

Über den Autor

Was erwarten Sie? Ein Bild von mir beim Scheißen?

Eigentlich eine gute Idee, das muss ich Ihnen lassen!

Naja was soll ich sagen. Ich bin so ein ganz normaler Kerl, dem man offensichtlich ein paar Mal zu viel ins Gehirn geschissen hat.

Es hat mir sehr viel Spaß gemacht, Ihnen diese geistigen Ergüsse zu kredenzen.

Wenn Sie es bis hierhin geschafft haben, läuft Ihnen die Scheiße sowieso schon zu den Ohren heraus, dann können Sie sich auch direkt das zugehörige Hörbuch reinziehen.

Wenn Sie jedem zeigen wollen was Sie von mir und den großen Geschäften unserer Welt halten, dann besuchen Sie ihr stilles Örtchen, lassen dort kräftig einen fahren und rufen laut „Otttttoooooooooooooooo“! Vielleicht höre ich es mal, wenn ich in der Nähe bin.

Impressum

1. Auflage
Deutsche Erstausgabe Januar 2019
Herausgeber: Embica Media GbR, Thekla-Trück-Str. 7, 76456 Kuppenheim

Umschlaggestaltung & Illustration: Sarah Maria Frühling
Druck und Bindung: siehe Eindruck auf der letzten Seite

Printed in Poland
by Amazon Fulfillment
Poland Sp. z o.o., Wrocław

74061236R00047